纪念五四运动百年专题漫画

以史为镜 诫勉吾辈

镜诰卿年

梁盛皓 著
杨知君 刘骁 绘

中国少年儿童新闻出版总社
中国少年儿童出版社
北京

图书在版编目(CIP)数据

镜诰卿年 / 梁盛皓著；杨知君，刘骁绘. -- 北京：中国少年儿童出版社，2020.6
ISBN 978-7-5148-6054-2

Ⅰ. ①镜… Ⅱ. ①梁… ②杨… ③刘… Ⅲ. ①五四精神－青少年读物 Ⅳ. ①D432.62-49

中国版本图书馆CIP数据核字(2020)第050072号

JING GAO QING NIAN

出版发行：	中国少年儿童新闻出版总社 中国少年儿童出版社
出 版 人：	孙 柱
执行出版人：	张晓楠

审　　读：	林 栋　聂 冰　薛晓哲	装帧设计：	瞿中华
责任编辑：	齐 菁　李海艳	责任印务：	李 洋
	包萧红　王 燕	责任校对：	黄娟娟
美术编辑：	许文会　张 璐		

社　　址：	北京市朝阳区建国门外大街丙12号	邮政编码：	100022
编辑部：	010-59512018	总编室：	010-57526070
客服部：	010-57526258	官方网址：	www.ccppg.cn
印　　刷：	北京利丰雅高长城印刷有限公司		
开　　本：	720mm×1000mm 1/16	印　张：	13.75
版　　次：	2020年6月北京第1版	印　次：	2020年6月北京第1次印刷
字　　数：	170千字	印　数：	10000册
ISBN 978-7-5148-6054-2		定　价：	32.00元

图书出版质量投诉电话010-57526069，电子邮箱：cbzlts@ccppg.com.cn

目录

第一章 初到京城 **001**

第二章 书斋结友 **025**

第三章 明媚时光 **053**

第四章 望穿万里 **089**

第五章 迷梦初醒 **123**

第六章 洪荒蓄力 **153**

第七章 此去经年 **189**

一百年前那段发生在北大的故事……

也苦了中国学子们，只能将这番艰苦作为自己的起始。

杨昌济
字华生

前些日子，学生们结伴去西山郊游，英文系的罗家伦事后还给我写信谈一路的感受。

吱——

初到京城

023

第一章

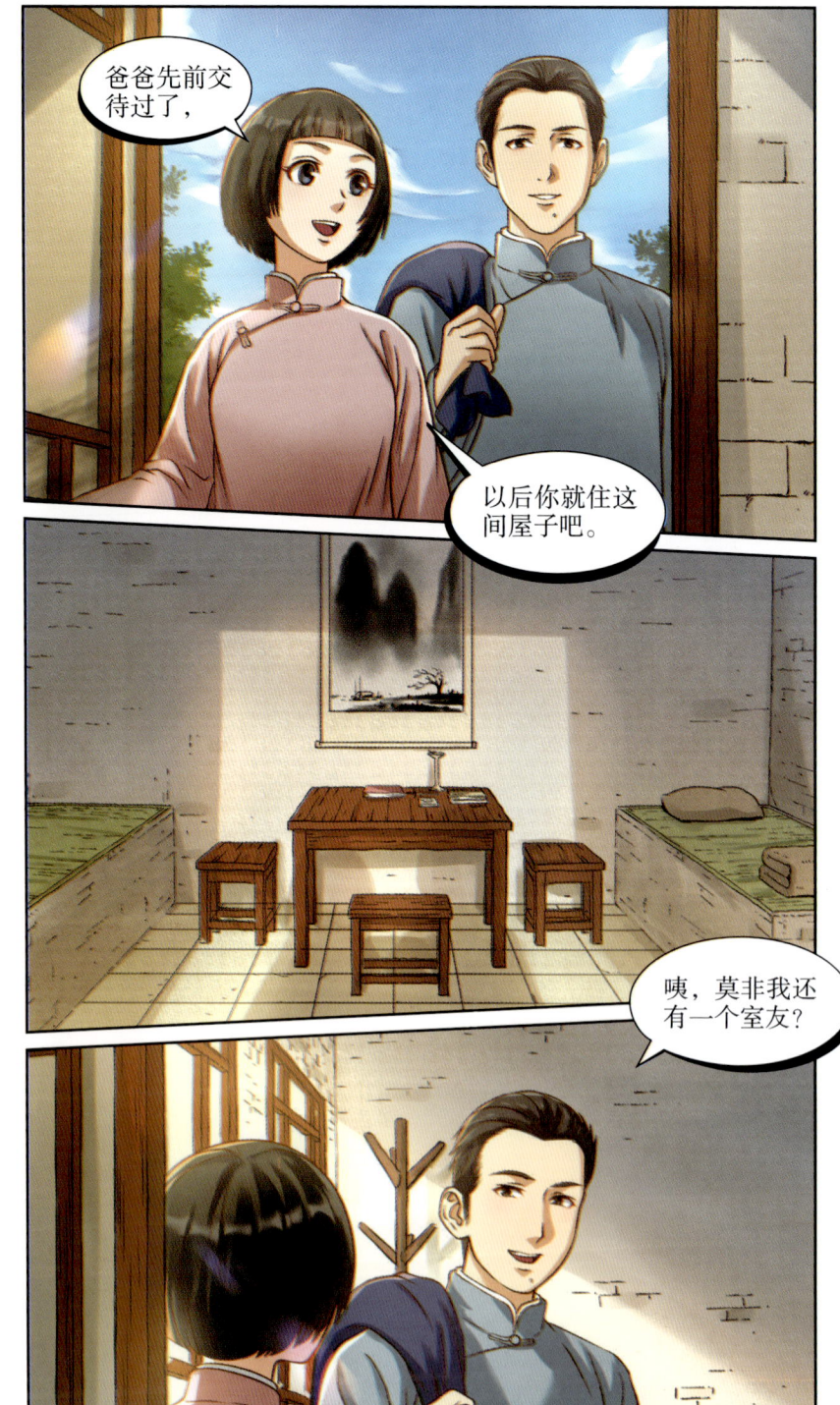

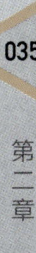

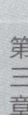

这些日子里,越来越多的湖南同学也都来到了北京。

他们一同在景山东街一带找到了属于自己的住处……

当然，向老师们请教问题是不曾间断的。

也就是在那段时光里,他们中的一些人之间,擦出了些许奇妙的火花……

明媚时光

第三章

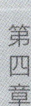

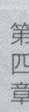

当今的世界秩序，依旧被欧美的列强们把持，他们的殖民地依旧遍布全球。

我们的台湾、山东等地，依旧被日本人控制着……

还有那些吃不起饭、上不起学，一直在受欺辱的老百姓们。

这些庶民，他们真的取得胜利了吗？

润寰啊，现在筹备留学资金的问题已经有了眉目，你回保定的留法班，也好给同学们交待了。

就是不知道章先生能支援的钱有多少了……

后来他们才知道,章士钊为这批留法同学筹备的款项足有两万块大洋。新中国成立后,毛泽东每个月都会留下些稿费,向章士钊分期还款……

我……我们……你!

精彩,精彩!顾先生的陈词着实让我们所有人为之触动。

许德珩 饰演 会议主席

说来奇怪，最近不管是报纸还是风闻，这方面的消息都少得可怜。

也不知是没有什么进展，还是有了进展却不透露……

现在学校里的观点也乱得很。

有人说，英法是人类文明的标杆，他们会有公断；也有人说，再不济，美国的威尔逊总统也会帮我们说话……

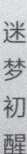

然而他们不知道的是，中国使团到达巴黎后，一直遭受着冷落。

原本为中国预留的代表席位数也一砍再砍。

直到1919年1月28日，中方代表团才得以正式在会上展开对本国利益的探讨。

而日本，早已居心叵测，等候多时了……

顾维钧

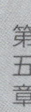

终于，在经过了一番努力之后，1919年3月，由邓中夏牵头，毛泽东、许德珩、朱自清等人参与的平民教育演讲团正式成立了。

……我们便是要以青年之声音，激发国民之斗志……

是呀,啥时候能回来呢……

1919年3月12日,毛泽东离开北京。

呜——

在上海稍作停留后,他回到湖南,开始了同军阀张敬尧的斗争。

1919年5月4日,愤怒的同学们走出校门,和所有热爱这片土地的人们一起,向帝国主义列强损害中国主权的行为、北洋政府的卖国政策表达最严正的抗议。这就是历史上著名的五四爱国运动。

中国的历史,在那一天迎来了又一个新的开端。

润之吾兄：

　　见字如面。

　　自你前去长沙已近两月，相别千里，十分挂念。你我同窗虽仅有数月，却互为知己，谈天说地，甚是酣畅。不知你在湖南一切可好，万望保重。

相信北京近日的事情你已有所听闻，和会之屈辱，令人震惊、愤慨。先前包括你我，校内便不乏有师生已经意识到迷信西人必不长久，却还是没有想到他们的叛卖竟会如此的彻底。

各国的平民们，都在盼望着由战火所带来的苦难得以终结，以重建家园，回归日常的生活。

而那些自诩公理的列强们想的则是另一回事——他们只管像操纵木偶那样操纵着和会,将和平的谈判变为自己大捞特捞的名利场。这哪里是公理战胜强权,现在看来,这不过是一种强权取代另一种强权罢了。

更难以置信的，是他们竟有颜面默许日本以武力夺取的关于山东的权利。且不仅仅是国与国间的叛卖——就在顾大使为中国发表陈词后，竟被外交次长曹汝霖污蔑为"擅自行动"！天下哪有这样的道理？

消息传到学校,我们所有人都愤怒了。那群高居在庙堂之上,却在外面连自己国家的土地也不敢维护的衣冠禽兽,是时候让他们听一听我们这些青年人的声音了。

我、楚生、家伦、斯年都参与到其中做了些事情,楚生和家伦一同写了宣言书发给所有人,守常、仲甫两位先生更是亲自到同学们的队伍中去发传单和演讲,女子高中的学妹们也来了。

还有很多工人和商贩兄弟，他们也加入了我们。他们说，自己虽然没什么文化，但也知道山东是中国的，如果夺不回山东，他们就不开工，不开市……

但是，山东依旧在被日本掌控着，那群卖国贼，想必也不会因此有什么大作为，这又不禁让人担忧……

对了，润之，听说你在湖南与军阀的斗争颇具成果，北京学生联合会已准备托我前去同你会面，我想那个时候，我们就可以好好谈谈两地的情况了。另外，开慧小妹一切安好，无须担心，她就是挺想你的。

再道安好，待见面详谈。

弟 中夏

然而,这一切只是个开始——那些亲历了五四运动的新青年,其中相当一部分都在这一过程中完成了思想洗礼,确立了更加务实也更加崇高的理想。

五四运动促进了马克思主义在中国的广泛传播。1921年,中国共产党诞生了,这是中国历史上开天辟地的大事件。

恰同學少年,
風華正茂,
書生意氣,
揮斥方遒。
指點江山,
激揚文字,
糞土當年萬戶侯。

1925年深秋,毛泽东在前去广东开展农民运动的途中,重游橘子洲头,写下了著名的《沁园春·长沙》。

1949年10月1日,毛泽东在北京庄严宣告,中华人民共和国成立了。
(董希文 创作 靳尚谊等 临摹)

最后，他和千千万万的战友们又回到了北京。那个时候，中国已经发生了翻天覆地的变化……

1957年，莫斯科大学列宁山礼堂

毛主席来了——

……世界是你们的，也是我们的，但是归根结底是你们的。你们青年人朝气蓬勃，正在兴旺时期，好像早晨八九点钟的太阳，希望寄托在你们身上！

毛主席！是毛主席！

哗—

五四运动是一次彻底的反帝反封建运动,它拉开了中国新民主主义革命的序幕,意味着马克思主义在中国的传播进入了新阶段,无产阶级在中国开始作为一支独立的政治力量登上了历史的舞台。

五四运动以来的 100 年，是中国青年一代又一代接续奋斗、凯歌前行的 100 年，是中国青年用青春之我创造青春之中国、青春之民族的 100 年。

100 年来，中国青年满怀对祖国和人民的赤子之心，积极投身党领导的革命、建设、改革伟大事业，为人民战斗、为祖国献身、为幸福生活奋斗，把最美好的青春献给祖国和人民，谱写了一曲又一曲壮丽的青春之歌。

实践充分证明，中国青年是有远大理想抱负的青年！中国青年是有深厚家国情怀的青年！中国青年是有伟大创造力的青年！无论过去、现在还是未来，中国青年始终是实现中华民族伟大复兴的先锋力量！

——习近平《在纪念五四运动 100 周年大会上的讲话》